CATALOGUE N° 5

JETONS FRANÇAIS

ET MÉDAILLES

EN VENTE AUX PRIX MARQUÉS

Chez J. **FLORANGE**, Expert

21, QUAI MALAQUAIS, 21

PARIS

1893

La conservation des pièces est indiquée scrupuleusement.

Les prix sont nets.

Les envois aux frais des acheteurs et payables en un bon à vue sur Paris ou contre remboursement.

Pas de réponse aux demandes d'articles vendus.

Achat de monnaies et médailles de tous pays, tant anciennes que modernes.

Rédaction de catalogues. — Expertises.

Envois à vue aux amateurs qui en font la demande.

VA PARAITRE :

Catalogue n° 6, **Monnaies françaises et étrangères.**

Ce catalogue est à la disposition de MM. les Amateurs qui en feront la demande.

JETONS FRANÇAIS

ET MÉDAILLES

JETONS FRANÇAIS

I. ROIS DE FRANCE

1 Chambre aux deniers (XIVe siècle). C. *B.* 1 50

2 Chambre des comptes (XIVe siècle). C. *B.* 2 »

3 Chambre des comptes (XVe siècle). C. *B.* 1 »

4 Trésor du roi (XVe siècle). C. *TB.* 1 »

5 Trésor du roi (XVe siècle). C. (Rouyer et Hucher, IX, 77 var.). *TB.* 2 »

6 Chambre des monnaies (XIVe siècle). C. *B.* 10 »

7 **François Ier**. Grand conseil. Salamandre sur un F couronné. C. *B.* 8 »

8 — Chambre des comptes. C. *TB.* 1 50

Voir nos 131 et 490.

9 **Henri II.** Chambre des comptes, s. d., 1552, 1553, 1557, 1558. C. *B.* à 1 »

10 — Grand conseil. C. *B.* 4 »

11 — Chambre des monnaies. C. *B.* 4 »

12 **François II**. Chambre des comptes, 1559. C. *B.* 4 »

13 **Charles IX**. Grand conseil, 1570. C. *B.* 3 »

14 — Chambre des comptes, 1563, 1566, 1569 et 1570. C. *B.* à 1 »

15 — Cour des monnaies, 1566. C. *B.* 3 »

16 **Henri III**. Grand conseil, s. d., 1585. B. *B.* à 2 »

17 — Chambre des comptes, 1579 à 1586. C. 8 p. *B.* à 1 50

18 — Secrétaires du roi, 1579. C. *B.* 2 »

19 — Cour des monnaies, 1582, 1583, 1584. *B.* à 3 »

20 — 1580. Ecu couronné de France soutenu par la Piété et la Justice. ℟. Archimède. C. *B.* 6 »

21 **Henri IV**. Prise de la Bresse et d'une partie de la Savoie, 1601. C. *B.* 3 »

22 — Traité d'alliance avec la Hollande, 1603. C. *B.* 3 »

23 — Conversion du roi, 1606. C. *B.* 2 »

24 — Chambre des comptes, 1596, 1601, 1603, 1607. C. *B.* à 1 »

25 — Cour des monnaies, 1607. C. *TB.* 5 »

26 **Louis XIII**. Prise de Casal, 1630. C. *B.* 2 »

27 — Campagne contre la Savoie, 1632. C. *TB.* 5 »

28 — Naissance du dauphin, 1638. C. *TB.* 3 »

29 — Grand conseil, 1616. Arg. *B.* 5 »

30 — Grand conseil, 1618. Allusion à l'exécution de Concini, maréchal d'Ancre. Arg. *TB.* 8 »

31 — Grand conseil, 1619, 1622, 1634, 1641, 1642. C. *B.* à 1 »

32 — Chambre aux deniers, 1609 et 1625. C. *B.* à 3 »

33 — Ferme des aides, 1639. C. *B.* 1 50

34 — Cour des monnaies, 1620. C. *B.* 4 »

35 — Ponts et chaussées, 1636. C. *B.* 1 »

36 — Trésorerie générale des fermes, s. d. Buste et écu. C. *B.* 3 »

37 **Louis XIV**. Prise de Trin et de Pont de Sture, 1643. C. *TB.* 1 50

38 — Défaite de la flotte espagnole dans le port de Carthagène, 1643. C. *B.* 1 »

39 — Prise de Roses, 1645. C. *B.* 1 50

40 — Paix de Munster, 1648. C. *TB.* 2 »

41 — Sacre à Reims, 1654. C. *TB.* 2 »

42 — Mariage du roi, 1660 (8 var.). C. *B.* à » 30

43 — Paix avec la Suisse, 1664. C. *B.* 2 »

44 — Entrée du cardinal Chigi à Paris, 1664. C. *B.* » 50

45 — Paix d'Aix-la-Chapelle, 1668. C. *B.* » 50

46 — Casimir, roi de Pologne, réfugié en France, 1669. C. *B.* 1 »

47 — Victoire navale sur les Hollandais et les Espagnols, 1672. C. *B.* » 50
48 — Paix de Nimègue. C. *B.* 1 »
49 — Traité de la Haye, 1684. C. *B.* » 50
50 — La famille royale, 1693. C. *B.* 5 »
51 — Grand conseil, s. d., 1645, 1646, 1647, 1649, 1654, 1655, 1657, 1659 (2 var.), 1660, 1661. C. *B.* à » 75
52 — Grand conseil, 1656 et 1659. Arg. *TB.* à 5 »
53 — Artillerie, 1696, 1699 et 1702. C. *B.* à 1 »
54 — Artillerie, 1696. Jeton contrem. d'un A couronné et accompagné de trois lis. C. *B.* 5 »
55 — Aliénation des domaines, 1677. C. *AB.* 1 »
56 — Bâtiments du roi, s. d., 1663, 1667, 1668, 1674 (le Louvre), 1682, 1685, 1689 (Trianon), 1694, 1695. C. *B.* à » 75
57 — Ponts et chaussées (le Pont royal à Paris). C. *B.* 1 »
58 — Chambre aux deniers, s. d., 1666, 1671, 1679, 1680 et 1686. C. *B.* à » 50
59 — Chambre aux deniers, 1658. « Deniers revenans bons. » C. *TB.* 3 »
60 — Galères, s. d., 1691, 1696. C. *B.* à » 50
61 — Marine, 1712. C. *AB.* 1 »
62 — Ordinaire des guerres, s. d., 1664, 1676 et 1705. C. *B.* 1 » *TB.* 2 »
63 — Extraordinaire des guerres, s. d., 1674, 1675, 1691 et 1707. C. *B.* à 1 »
64 — Trésor militaire. C. *B.* 1 »
65 — Revenus casuels, s. d., 1660 et 1696. C. *TB.* » 50
66 — Revenus casuels, 1652, 1711 et 1712. Arg. *TB.* à 4 »
67 — Trésor royal, s. d., 1679, 1686, 1688, 1690, 1704, 1708. C. *B.* à » 50
68 — Trésor royal, 1703 et 1711. Arg. *TB.* à 4 »
69 — Chambre de justice, 1645. C. *B.* 3 »
70 — Cour des monnaies, 1654. C. *TB.* 3 »
71 — Secrétaires du roi, 1678 et 1711. Arg. *B.* à 3 50
72 — Trésoriers-payeurs de la gendarmerie, 1663. C. *B.* 3 »

73	— Menus plaisirs, 1703. C.	*B.*		2	»
74	— Gabelles, 1664, C.	*TB.*		1	»
75	— Domaine du roi, 1674. C.	*B.*		2	»
76	— Avocats aux conseils, 1660. C.	*TB.*		2	»
77	— Ordre du Saint-Esprit, 1662. Arg.	*TB.*		8	»
78	**Louis XV**. Ses fiançailles avec l'Infante d'Espagne, 1721. C.	*B.*		4	»
79	— Sacre à Reims, 1723. C.	*TB.*		»	50
80	— Son mariage, 1725. Arg.	*TB.*		5	»
81	— Maison de la reine, 1745. (Buste du roi). Arg.	*TB.*		7	»
82	— Maison de la reine et artillerie, 1740. C.	*B.*		2	50
83	— Ponts et chaussées. Arg.	*TB.*		3	»
84	— Artillerie, 1730 et 1734. C.	*TB.*	à	»	75
85	— Artillerie, 1735. Arg.	*FDC.*		6	»
86	— Bâtiments, 1744 et 1749. Arg.	*B.*	à	5	»
87	— Bâtiments, 1738. C.	*TB.*		1	50
88	— Chambre aux deniers, 1721, 1725, 1737, 1744, 1746 et 1748. C.	*B.*	à	»	50
89	— Ecuries, s. d. C. et arg.	*B.*	à	3	50
90	— Trésor royal, 1730, 1731, 1733, 1744, 1752, 1758. Arg.	*TB.*	à	3	»
91	— Trésor royal, 1731, 1741, 1745, 1750, 1752, 1754. C.	*B.*	à	»	75
92	— Connétablie-Maréchaussée, s. d. Arg.	*TB.*		5	»
93	— Marine, 1716 et 1718. C.	*B.*	à	»	75
94	— Marine, 1736. Arg.	*TB.*		5	»
95	— Galères, 1717. C.	*B.*		1	»
96	— Ordinaire des guerres, 1728. C.	*B.*		1	»
97	— Extraordinaire des guerres, 1739, 1751, 1762, 1771. Arg.	*TB.*	à	4	»
98	— Revenus casuels, s. d. et 1748. Arg.	*FDC.*	à	4	»
99	— Secrétaires du roi, 1724 et 1731. Arg.	*B.*	à	4	»
100	— Menus plaisirs, 1716 et 1747. C.	*B.*	à	3	»
101	— Argenterie du roi, 1727. C.	*B.*		3	»
102	— Compagnie royale d'Afrique, 1774. Jeton octog. de Gatteaux. Arg.	*FDC.*		25	»
103	— Invalides de la marine, 1773. Jeton octog. de Duvivier. Arg.	*B.*		15	»

104 — Ordre militaire de saint Louis (3 var. de coin). Arg. *TB.* à 5 »
105 **Louis XVI.** Neptune assis sur une conque. Arg. *TB.* 3 50
106 — Extraordinaire des guerres, 1777. Arg. *TB.* 3 50
107 — Experts des bâtiments. Arg. *TB.* 5 »
108 — Sa mort, 1793. Arg. *FDC.* 2 50

II. REINES DE FRANCE

109 **Marie de Brabant**, deuxième femme de Philippe III. Armes de Brabant et de France. C. *B.* 3 »
110 **Marie d'Anjou**, femme de Charles VII, s. d. (1456). Reproduction en plomb bronzé. *TB.* 3 »
111 **Marie Stuart**, s. d. Ecu et dextrochère taillant un cep de vigne. C. *TB.* 18 »
112 **Catherine de Médicis**, s. d. Ecu et flammes (2 var.). C. *TB.* à 5 »
113 — S. d. (Légende grecque.) Arc-en-ciel. C. *B.* 5 »
114 — 1582. Coq et serpent. C. *B.* 5 »
115 **Marie de Médicis**, 1601. Tournesol. C. *B.* 1 50
116 — 1605. Deux palmiers. Arg. *TB.* 15 »
117 — 1610. Son couronnement. Arg. doré. *TB.* 25 »
118 — 1621. Deux palmiers. Arg. *B.* 13 »
119 — 1624. Arche de Noé. Arg. *TB.* 15 »
120 **Anne d'Autriche**, s. d. Son buste et écu (2 var.). C. *B.* à » 50
121 — S. d. Son buste et celui de son fils (2 var.). C. *B.* à » 50
122 — 1633. Couronne royale traversée par trois branches. C. *B.* 3 »
123 — 1636. Ecu et faisceau d'armes. Arg. *TB.* 12 »
124 — 1636, 1641, 1642, 1655. C. *B.* à » 50
125 **Marie-Thérèse d'Autriche**, s. d. Buste de Louis XIV. C. *TB.* 1 50
126 — Entrée du légat à Paris, 1660. C. *TB.* 1 »
127 — 1665, 1666, 1667, 1668, 1669, 1672, 1673, 1677. C. *B.* à » 50

128 — Trésorerie de la reine, 1663. C. *TB.* 5 »
129 — Bâtiments du roi, 1680. C. *B.* 1 »
130 **Marie Leczinska**. Maison de la reine, 1741. Arg. *TB.* 9 »

III. DAUPHINS ET DAUPHINES

131 **François**, dauphin du Viennois, 1547. Ecu écartelé et lis fleuri. C. *B.* 7 »
132 **Louis**, dauphin du Viennois, 1609. Ecu écartelé et Henri IV debout entre Louis et Gaston. C. *AB.* 4 »
133 **Anne-Marie-Christine de Bavière**, 1681. C. *TB.* 1 »
134 **Marie-Adelaïde de Savoie**, duchesse de Bourgogne, 1706. Deux écus accolés et monogramm. octog. Arg. *TB.* 18 »
135 — 1704, 1707, 1712. C. *B.* à 2 »
136 **Marie-Josèphe de Saxe**. Maison de la dauphine, 1741. C. *B.* 3 »
137 **Louis-Joseph**, dauphin, 1781. Jubilé de l'annexion de Strasbourg à la France. Arg. *TB.* 20 »

IV. FILS ET FILLES DE FRANCE

138 **Isabelle de France** et **Philippe II d'Espagne,** 1561. C. *B.* 4 »
139 **Marguerite de France**, femme d'Henri de Béarn, 1575. Ecu parti et autel et palmier. C. *B.* 10 »
140 **François de France**, duc d'Alençon, 1577. Écu simple et le soleil levant. C. *TB.* 5 »
140 *bis*. — duc de Brabant et d'Anjou, comte de Flandre, 1582. Écu parti et le soleil levant. C. *B.* 6 »
141 Le même, 1583. Jeton fabriqué aux Pays-Bas. (Dugn. 5958.) C. *B.* 4 »
142 **Gaston d'Orléans**. Chambre aux deniers, 1616. C. *B.* 6 »
143 — 1641. Le soleil et la lune. C. *B.* 2 »; *TB.* 4 »

144 **Philippe de France**, duc d'Orléans. Son buste et celui de Louis XIV. C. *AB.* 4 »

145 Le même, régent. Son buste et celui de Louis XV. Arg. *TB.* 7 »

V. MAISONS ISSUES DE CADETS ET DE BATARDS DE FRANCE

146 **Antoine de Bourbon**, duc de Vendôme, comte de Marle. Écu couronné et entouré du collier de l'ordre de Saint-Michel. Griffon, à g. C. *AB.* 6 »

147 **Charles de Bourbon**, cardinal. Écu et arbre. C. *TB.* 3 »

148 **Henri de Bourbon**, roi de Navarre. Chambre des comptes de Vendôme, 1576. C. *AB.* 10 »

149 **Anne de Montafié**, comtesse de Soissons, épouse de Charles de Bourbon, gouv. du Dauphiné, vice-roi propriétaire de la Nouvelle-France (Canada), s. d. Écu parti. ℞. Une éclipse de lune. Arg. *TB.* 28 »

150 **Louis II de Bourbon**, prince de Condé, s. d. Sa mort. C. *B.* 4 »

151 **François de Bourbon**, prince de Dombes, 1585. Arion sur le dauphin. C. *B.* 6 »

152 **César**, duc de Vendôme, Beaufort et d'Etampes, 1604. Tournesol. C. *TB.* 16 »

153 **Louis**, duc de Vendôme, général des galères, 1702. Phare. C. *B.* 5 »

154 **Louis**, comte de Vermandois, amiral. Marine, 1672, 1674 et 1680. C. *B.* à 2 50

155 — Marine, 1674. Avers et revers contremarqués d'une vache clarinée. C. *AB.* 5 »

156 **Louis-Aug.**, duc du Maine. Artillerie, s. d., 1705, 1709. C. *B.* à 2 »

157 **Louis-Alexandre**, comte de Toulouse, amiral. Marine, 1714. Arg. *B.* 5 »

158 — Marine, 1730. Arg. *TB.* 7 »

159 **Louis-Jean-Marie**, duc de Penthièvre, amiral. Marine, 1746. C. *TB.* 4 »

160 **Jean**, chevalier d'Orléans, général des galères. Galères, 1722. Hercule couché. Arg. *TB.* 8 »
161 — Galères, 1740. Deux sirènes. C. *TB.* 4 »
162 — Galères, 1742. Deux ancres. C. *B.* 3 »
163 **Louis d'Orléans**, duc de Chartres, grand maître de l'ordre de Notre-Dame du Mont Carmel et de Saint-Lazare, 1723. C. refrappé. *TB.* 3 »

VI. GRANDS PERSONNAGES, ETC.

164 **Auvellier**, conseiller secrétaire du roi, 1712. C. *B.* 2 »
165 **Barberini** (Ant. de), cardinal, grand aumônier de France, et Isaac **Laffemas**, maître des requêtes, conseiller d'Etat et lieutenant civil, 1655. Arg. *TB.* 40 »
166 **Barberini**, seul, 1656. C. *B.* 3 »
167 **Barbet de Vermanton.** Chambre aux deniers, 1711. C. *B.* 4 »
168 **Bragelongne** (Martin de), seigneur de Charonne (près Paris), conseiller au Parlement, 1580. C. *B.* 10 »
169 **C.** (P.-L.), questeur des armées d'Henri IV, 1603. C. *B.* 5 »
170 **Chigi**, cardinal et légat, 1664. Son entrée à Paris. C. *B.* 2 »
171 **Clergé** (Ant.), 1706. Hercule, armé d'une massue, terrassant l'hydre de Lerne. C. *B.* 10 »
172 **Desmaretz** (Nic.), contrôleur général des finances, 1708. C. *TB.* 5 »
173 **Entragues** (L.-C. de Crémeaux, marquis d'), gouverneur du Mâconnais, s. d. Octog. C. *B.* 6 »
174 **Gentian** (Nic.), 1576. C. *B.* 8 »
175 **Guénégaud** (Cl. de), trésorier de l'épargne, s. d. Son mariage avec Cl.-Alph. Martel. C. *B.* 10 »
176 Le même jeton. Refrappe. C. *TB.* 1 »
177 **Hesselin** (M.-L.), maître de la chambre aux deniers, 1630. C. *B.* 3 »

178 **Larcher de Chamont** (Pierre), président de la cour des comptes, 1715. C. *Usé.* 3 »

179 **Larochefoucauld** (F.), cardinal et grand aumônier de France, 1620. C. *Usé.* 2 50

180 **Le Bouthillier** (Henry), 1686. Plomb moderne. *TB.* 1 50

181 **Leschassier de Méry** (Louis), conseiller notaire et secrétaire du roi, 1588. C. *B.* 8 » *TB.* 10 »

182 **Longuet** (L.), trésorier de l'extraordinaire des guerres, 1658. C. *TB.* 4 »

183 **Maillé-Brézé** (A. de), amiral, 1646. C. *B.* 5 »

184 **Mazarin**, cardinal, 1651. La Fronde. C. *B.* 6 »

185 — 1661. Arg. *TB.* 8 »

186 **Melun** (Rob. de), marquis de Roubaix, gouverneur d'Arras, s. d. (1585). C. *TB.* 32 »

187 **Potier de Gesvres** (Nic.), seigneur du Blanmenil, premier président au Parlement, 1602. C. *Usé.* 1 50

188 **Remond** (Esprit de), seigneur de Modène (Provence), 1642. C. *B.* 5 »

189 **Richelieu** (Arm. J. du Plessis, duc de), cardinal, 1635, 1639 et 1641. C. *B.* à 2 »

190 — Jeton de Dassier, 1642. Sa mort. C. *B.* 3 »

191 **Rostaing** (Ch.-M.-E.-C. de) et Anne **Hurault**, 1612. C. *B.* 4 »

192 — (Tristan et Charles, marquis de), 1642. C. *B.* 8 »

193 — (Tristan de), baron de Brou et **Robertel** (Franç.), s. d. C. *B.* 6 »

194 **Tessé** (René de Fronlay, comte de), maréchal de France, 1708. C. *TB.* 8 »

195 **Tourville** (A.-H. de Cotentin, comte de), maréchal de France, 1700. C. *B.* 8 »

196 **Voysin** (Daniel), chancelier de France. Ses armes. ℟. « Jean Lingée, marchand au Palais, 1720. » Octog. C. *B.* 6 »

VII. PARIS

197 ADMINISTRATION. 1548. La nef parisienne et croix. (D'Af. 11 et 20.) C. *B.* à 2 »
198 Entrée d'Henri II. (D'Af. 12.) C. *B.* 2 50
199 1581, 1583, 1608. (D'Af. 32, 36, 42.) C. *B.* à 3 »
200 **Louis XV**. ℞. Vue de Paris. (D'Af. 66, 70.) Arg. *TB.* à 3 »
201 **Louis XVI**. ℞. Vue de Paris. (D'Af. 72.) Arg. *TB.* 4 »
202 PRÉVOTS. **Bailleul** (N. de), conseiller d'Etat et lieutenant civil, 1624. (D'Af. 129 var.) C. *B.* 5 »
203 — 1626. Défaite de la flotte des Rochelois par Henri, duc de Montmorency, amiral de France. (D'Af. 131.) C. *B.* 5 »
204 — 1628. Ecu et vaisseau. (D'Af. 133.) C. *B.* 5 »
205 **Moreau** (M.), lieutenant civil, 1634. (D'Af. 141.) Arg. *TB.* 10 »
206 — 1636 (date entre deux annelets). (D'Af. 144 var.) C. *B.* 5 »
207 **Sanguin**, 1609; **Oudart le Féron**, 1640; **Macé le Boulanger**, 1642 à 1644. C. *B.* 2 à 4 »
208 **Scaron**, 1645; **Le Féron**, 1647, 1649, 1650; **Le Febvre**, 1651 à 1654; **Sève**, 1655 à 1660. C. *B.* 1 à 2 »
209 **Voysin**, 1668; **Le Pelletier**, 1669, 1670, 1674 à 1676; **Pomereu**, 1682, 1684. C. *B.* 2 à 3 »
210 **Pomereu** (A.-R. de), 1678. Armes de Paris et buste de Louis XIV. (D'Af. 232.) C. *B.* 6 »
211 **Fourcy**, 1685, 1688, 1691, 1692; **Bosc**, 1695. C. *B.* 1 à 2 »
212 **Bosc** (Cl.), 1700. Armes et statue équestre de Louis XIV. (D'Af. 254.) Arg. *TB.* 5 »
213 **Boucher d'Orsay** (Ch.), 1703. Ses armes et un tournesol. (D'Af. 256.) Arg. *TB.* 8 »
214 La même pièce. C. *B.* 3 »

215 **Trudaine** (Ch.), 1718. Ses armes et les armes de Paris. (D'Af. 262.) Arg. *TB.* 10 »

216 **Castagnère**, marquis de Châteauneuf (P.-A. de), 1721. 2 var. de coin. (D'Af. 263.) Arg. *TB.* à 4 »

217 — 1723 (date inédite). Arg. *TB.* 6 »

218 **Lambert** (Nic.), 1725. (D'Af. 264.) C. et arg. *TB.* à 4 »

219 **Turgot** (Mich.), président aux requêtes, 1736. (D'Af. 269.) Arg. *B.* 6 »

220 **Aubery** (Fel.), marquis de Vastan, 1740. (D'Af. 273.) Arg. *TB.* 10 »

221 **Bernage** (L.-B.), 1754. (D'Af. 281.) Arg. *FDC.* 7 »

222 **Bignon** (A.-J.), bibliothécaire du roi, 1769. (D'Af. 289.) Arg. *TB.* 5 »

223 **La Michodière** (J.-B.-Fr. de), 1773. (D'Af. 292.) Arg. *TB.* 6 »

224 ECHEVINS. **Cramoisy** (Seb.), imprimeur, 1643; **Caigny** (J.), 1647; **Phelippes** (N.), 1652; **Levieulx** (A.), 1654; **Santeul** (Cl. de), 1656, 1657. C. *B.* 1 à 2 »

225 Officiers de la ville, etc. Greffiers du Châtelet. Siège et main tenant une plume. Arg. *TB.* 6 »

226 La police du Châtelet, s. d. C. *B.* 5 »

227 Châtelet. Doyenné de M. Daminois, 1747-1749. Arg. *TB.* 8 »

228 Châtelet. Doyenné de M. Girard, 1749-1772. Arg. *B.* 11 »

229 Maître des requêtes, 1657 et 1701. C. *TB.* à 6 »

230 Election de Paris. Buste de Louis XV et armes de France. Arg. *TB.* 5 »

231 Procureurs de la cour sous Louis XV, s. d. Arg. *TB.* 6 »

232 Les juges et consuls sous Louis XV, s. d. (2 var.) Arg. *B.* à 5 »

233 Les juges et consuls sous Louis XV, 1750. Buste de Louis XVI. Arg. *TB.* 5 »

234 Conseillers de ville sous Louis XIV, 1702. Arg. *TB.* 5 »

235 Payeurs des rentes sous Louis XIV, 1709. La machine de Marly. Arg. *TB.* 7 50
236 Experts et greffiers des bâtiments sous Louis XVI, s. d. Arg. *B.* 2 50
237 Experts des bâtiments sous Louis XV, s. d. Arg. *TB.* 5 »
238 Huissiers commissaires priseurs sous Louis XV, s. d. C. *B.* 3 »
239 Conférence des huissiers non audienciers de la Seine, s. d. Octog. Arg. *B.* 4 »
240 Agents de change sous Louis XVIII, 1814. Vue de la Bourse. Octog. Arg. *TB.* 5 »
241 Courtier de commerce. Bourse de Paris, s. d. (de Galle). Octog. Arg. *TB.* 5 »
242 Monnaie de Paris. **Hac** (André), greffier de la cour des monnaies, s. d. C. *B.* 3 »
243 Monnaie de Paris. **Grand Cerf** (Jean), monnayeur, 1645. C. *AB.* 3 »
244 Monnaie de Paris. Ouvriers monnayeurs sous Louis XIV. C. *Usé.* 3 »
245 Monnaie de Paris. **Le Brun** (M.-F.), conseiller du roi en sa cour des monnaies, 1645. C. *B.* 3 »
246 Garde-robe du dauphin, s. d. C. *B.* 5 »
247 CORPORATIONS. Les six corps des marchands, 1726. Tête de Louis XVI et Hercule. Arg. *TB.* 6 »
248 Les six corps des marchands, s. d. Buste de Louis XVI et Hercule. Arg. *TB.* 6 »
249 Le premier corps des marchands (N. Gallois le fils), 1703. C. *B.* 2 »
250 Bonnetiers, 1746. Arg. *B.* 7 »
251 Boulangers, 1821. Arg. *TB.* 4 »
252 Porteurs de charbon, 1732 et chargeurs de vin, s. d. C. *B.* 2 50
253 Marchands de charbons de terre, 1813. Octog. C. *B.* 2 »
254 Marchands de bois à brûler. Buste de Jean Rouvet. Octog. Arg. *B.* 5 »
255 Charpentiers, 1816 et s. d. Octog. Arg. *TB.* 6 »

256 Société des bibliophiles, 1861. Buste de J.-A. de Thou. Arg. *TB.* 3 50
257 Assurance mutuelle mobilière contre l'incendie, 1837. Br. *TB.* 1 50
258 Tapissiers, 1703. C. *B.* 3 »
259 Tapissiers, 1726. Arg. *TB.* 10 »
260 Maçons sous Louis XV, s. d. Arg. *TB.* 6 »
261 Mégissier chamoiseur, s. d. Br. *TB.* 1 50
262 Corroyeurs. Chasse de Saint-Merry. Lis couronné entre S et R. Méreau. Plomb. *B.* 8 »
263 Merciers, 1645, 1653, 1655, 1682, 1704 et s. d. (Louis XIV). C. *B.* à 1 »
264 Merciers, 1655. Arg. *TB.* 9 »
265 Merciers sous Louis XVI. Coin de Gatteaux. Arg. *TB.* 6 »
266 Brodeurs chasubliers, 1704. Arg. *FDC.* 10 »
267 Teinturiers de bon teint. Tête de Louis XV. Arg. *B.* 10 »
268 Teinturiers de bon teint. Buste de Louis XV. Arg. *TB.* 8 »
269 Commissaires contrôleurs des bois à bâtir, 1732. Octog. Arg. *TB.* 7 »
270 Traiteurs, 1710. Buste de Louis XV. Arg. *TB.* 6 »
271 Traiteurs, rotissiers et pâtissiers. Buste de Louis XVI. Coin de Droz. C. *TB.* 4 »
272 Marchands de vin, 1691. C. *B.* 0 50
273 Gardes marchands de vin, s. d. Arg. *FDC.* 5 »
274 Gardes marchands de vin, s. d. (2 var.) C. *TB.* à » 50
275 Vitriers, peintres sur verre, 1715. C. *B.* 4 »
276 Horticulteurs, 1638. Buste de Jules César et corbeille de fruits. Arg. *B.* 8 »
277 Horticulteurs, 1638. Buste de Jules César et corbeille de fruits. C. *B.* 3 »
278 Société des amis de prévoyance (censeur). Jeton octog. gravé. C. *TB.* 6 »
279 INSTRUCTION PUBLIQUE. La Sorbonne. Buste de R. de Sorbon et vue de l'église de la Sorbonne, 1642. Octog. Arg. *TB.* 6 »

280 **Dupin** (L.-E.), docteur en Sorbonne et professeur de philosophie, né en Normandie. Jeton de Dassier. Sa mort, 1719. Br. *B.* 5 »

281 Université de Paris, 1657, 1677, 1699. C. *B.* à » 50

282 Université de Paris, 1747. Arg. *TB.* 5 »

283 Académie française, 1675. C. *B.* 3 »

284 Académie française, s. d., 1717. Sous Louis XV. Arg. *TB.* à 4 »

285 Académie française, s. d. Sous Louis XVI. Arg. *TB.* 4 »

286 Académie des Sciences, s. d. Sous Louis XV (2 var.). Arg. *TB.* à 4 »

287 Académie des Sciences, s. d. Sous Louis XVI. Arg. *TB.* 5 »

288 Académie des Inscriptions et Belles-Lettres, 1717 et s. d. Sous Louis XV. Arg. *TB.* à 4 »

289 Académie des Inscriptions et Belles-Lettres, s. d. Sous Louis XVI. Arg. *TB.* 6 »

290 Académie d'architecture, s. d. Sous Louis XV. C. *B.* 3 »

291 Académie de peinture et de sculpture, 1764. C. *B.* 2 »

292 Lycée des arts, 1792. Arg. *FDC.* 5 »

293 Le même. C. *B.* 1 «

294 Lycée républicain (2 var.). C. *TB.* à 2 »

295 Ecole gratuite de dessin. C. *B.* 1 »

296 Faculté de médecine (Doyens de la). **Merlet** (J.), 1645, et **Morand** (Ant.-J.), 1676. Refrappe. C. *TB.* à 2 »

297 **Patin** (Guy), 1652. Arg. *B.* 5 »

298 **Morand** (Ant.), 1663. Refrappe. Arg. *TB.* 3 »

299 **Caron** (Ph.), 1724; **Baron** (H.-T), 1731-1732; **Aume** (L.-René), de Blois, 1735-1736; **Chomel** (J.-B.), de Paris, 1738-1740; **Col de Villars** (Elie), 1741-1742; **Lepinc** (G.-J. de), de Paris, 1744-1746; **Baron** (H.-T.), 1751 et 1754 (2 p.); **Levacher de la Feutrie** (Thom.), d'Evreux, 1779-1780; **Bourru** (Edm.-Cl.), de Paris, 1786-1787. C. *B.* 2 à 3 »

300 **Baron** (H.-T.), 1754. Arg. *TB.* 12 »

301 **Alleaume** (J.-L.), de Paris, 1775; **Sallin** (J.-Ch.-H.), de Gray, 1784-1785. Refrappe. C. *TB.* à 2 »

301 *bis.* Académie de médecine, sous Louis XVIII. Octog. Arg. *TB.* 5 »

302 Académie de chirurgie, 1751. Sous Louis XV et Louis XVI. Arg. *TB.* à 6 »

303 Collège de pharmacie, 1778. Arg. *FDC.* 7 »

304 Société médico-pratique, 1808. C. *TB.* » 50

305 Maison philanthropique, 1781. Arg. *TB.* 5 »

306 CLERGÉ ET ÉGLISES. Réunion du clergé, 1715, 1750. Arg. *B.* à 3 50

307 Réunion du clergé, 1780. Octog. Arg. *B.* 5 »

308 Réunion du clergé, 1785. Octog. Arg. *TB.* 4 »

309 **Harlay** (Fr. de), archevêque de Paris et professeur de la Sorbonne. C. *Usé.* 1 50

310 Méreau de la Sainte-Chapelle, 1700. Arg. troué. *B.* 2 »

311 Méreau de la grande Confrérie (X). C. *AB.* 2 »

312 Méreau de Saint-Gervais, s. d. et 1650; de Saint-Jacques la Boucherie, s. d.; de Saint-Nicolas, 1639; de Notre-Dame. 1635. C. *B.* à 1 50

313 Marguilliers de Saint-Gervais, 1715. Tête de Louis XVI au bandeau. Arg. *TB.* 10 »

314 Marguilliers de Saint-Gervais, 1715. Buste de Louis XVI. Arg. *TB.* 8 »

315 Sainte-Madeleine en Cité, 1710. Arg. *TB.* 9 »

316 Fabrique de Saint-Roch, 1744. La Piété et la Justice devant un autel. Arg. *B.* 10 »

317 Fabrique de Saint-Roch, 1744. Buste de Louis XVI, à g. ℞. Saint Roch et son chien. Arg. *TB.* 12 »

318 RECEVEURS DES PAUVRES. **Perichon** (G.), s. d., et **Parfait** (P.), 1624. C. *B.* à 4 »

319 **Simonet** (C.), 1642; **Helyot** (P.), 1644; **Faverolles** (E. de), s. d. C. *B.* à 3 »

320 **Beguin** (D.), 1654; **Pocquelin** (L.), s. d.; **Bachelier** (J.), s. d.; **Bellavoine** (L.), 1662; **Levieux** (J.), 1664; **Ballard** (R.), 1664; **Gellain** (L.), 1666; **Chauvin** (B.),

1668; **Harlay** (Ach. de), 1672; **Raisse de la Hargerie** (Fr. de), s. d. C. *B.* 1 à 1 50

321 Saint-Jacques la Boucherie. Ecu de Rapioult. ℞. Quatre écus posés en croix. C. *TB.* 10 »

322 Saint-Jacques la Boucherie. Ecus de N. Rapioult et de Louis de Saint-Yon, 1576. C. *B.* 7 »

323 Administration de la foire Saint-Germain-des-Prés. Pièce contremarquée. C. *B.* 5 »

324 Méreau protestant. Etain. *B.* 2 »

VIII. PROVINCES

325 **ILE DE FRANCE.** CORBEIL, s. d. Prix des amateurs de la cible. Arg. *FDC.* 5 »

326 MANTES, 1605. C. *AB.* 4 »

327 SAINT-DENIS. Méreau, 1618 et 1649. C. *B.* à 2 »

327 *bis.* SOISSONS. Hôtel de la maison de S. à Paris, s. d. ℞. Chaloupe. C. contrem. d'un S. *B.* 4 »

328 VERSAILLES. Maison philanthropique, 1786. Arg. *TB.* 6 »

329 — Orangerie. Octog. Arg. *TB.* 5 »

330 — Société d'agriculture et des arts. Octog. Arg. *TB.* 3 »

331 **Charlot** (J.), ecuyer, seigneur des Loges, 1685. C. *B.* 3 »

331 *bis.* **Legrand** (J.), seigneur de Saint-Germain, maître des comptes, et Cath. Allegrin (Beauvoisis), s. d. C. *AB.* 6 »

332 **Phélipeaux** (J.), sieur de Villesavin, 1632. C. *AB.* 6 »

Voir Chartres n° 163, Etampes n° 152.

333 **NORMANDIE**. Ecu à trois lis et à trois léopards (XIVe siècle). C. *B.* 4 »

334 Chambre des comptes, 1601. C. *B.* 2 »

335 **Ch.-F.** duc de **Luxembourg,** gouverneur, s. d. et 1709. Arg. *TB.* à 8 »

336 Assurances, 1665. C. *AB.* 1 25

337 **Louis XV** (enfantin), s. d. Arg. *TB.* 7 »

338 Chambre de commerce, 1719. C. *TB.* 1 50
339 Académie, 1726. Arg. *TB.* 6 »
340 Chambre d'assurances, 1743. Arg. *TB.* 6 »
341 Prieur et juges-consuls, s. d. (Louis XVI). Arg. *TB.* 5 »
342 Le même. C. *TB.* 2 »
343 La Monnaie, 1787. Arg. *TB.* 6 »
344 Le même. C. *B.* 3 »
345 **La Rochefoucauld** (Dom. de), archevêque, s. d. Octog. Arg. *TB.* 5 »
346 ALENÇON. Compagnie des notaires. Octog. Arg. *FDC.* 5 »
347 DIEPPE. Chambre de commerce. Octog. Arg. *FDC.* 5 »
348 MONT-SAINT-MICHEL. Chanoines, 1647. C. *B.* 5 »
349 **Abot du Bouchet** (J.-L.), chevalier de l'Ordre du roi, seigneur de Surmont, 1692. C. *B.* 4 »
350 **Bauquemare** (Nic. de), conseiller au Parlement, et **Marie Voysin de Saint-Paul**, s. d. C. *B. mais troué.* 4 »
350 *bis.* SAINT-VANDRILLE, abbaye de Bénédictins, 1752. C. *Troué. B.* 8 »
351 **Le Marchant** (Pierre), écuyer, seigneur de Saint-Manvieux, 1627. C. *B.* 4 »
352 **Levacher de la Feutrie**, d'Evreux, 1779-1780. C. *TB.* 4 »
Voir nos 139, 280, 299, 593, 700, 717, 721, 760.
353 **ORLÉANAIS.** Maison commune, 1572, 1578. Vue de l'ancien monument élevé à la mémoire de Jeanne d'Arc. C. *AB.* 3 » *B.* 6 »
354 — Maison de ville, 1608, 1629, s. d. (Buste de Louis XIII.) C. *B.* à 2 »
355 — **Henri IV**. Jeton de N. Briot, 1608. C. *B.* 3 »
356 — Chambre des chaussées, 1586 et 1647. C. *B.* à 2 »
357 — Les Marchands, s. d. 1625, 1653, s. d. (Tête de Louis XIV) et 1735. C. *B.* à 2 »
358 — **Baguenault**, maire, 1748. Arg. *FDC.* 12 »
358 *bis.* — **Tassin**, maire, 1754. Arg. *TB.* 9 50
359 — Jeton gravé de la Loge des A.·. et M.·., 1812. C. *B.* 8 »

359 *bis*. **Bruet** (Joach. de), seigneur de la Chesnais, et Marie-Anne **Félibien** (de Bourges), 1700. ℞. Armand de **Pré**, chevalier, seigneur de Lovaville, et Marie-Fr. **Félibien**, 1715. C. *AB*. 10 »

360 Chartes, s. d. (Louis XVI). Arg. *TB*. 7 »

361 MONTARGIS. **Du Mairat de F. Faden**, 1661. C. *B*. 10 »

361 *bis*. — Armes de la ville et saint Georges terrassant le dragon, 1687. C. *Usé*. 2 50

Voir nos 393, 446, 624.

362 **TOURAINE**. Maires de Tours. **Coheu** (Pierre), 1585. C. *AB*. 5 »

363 **Lucas** (J.), 1586; **Chaloppin** (J.), 1587; **Maillé** (Fr.), seigneur de Valesnes, 1592; **Bouet** (C.), seigneur de La Noue, trésorier de France, 1597; **Le Galland** (A.-V.), seigneur de Montorant, 1598. C. *B*. à 3 »

364 **Brodeau** (Victor), seigneur de Cande, 1595; **Salvert** (J.), 1602. C. *B*. à 8 »

365 **Forget** (J.), seig. de la Fortinière, 1599; **Binet** (H.), seig. des Baudes, 1601; **Desjardins** (H.), seig. de Vonnas, 1604. C. *B*. à 3 »

366 **Maldant** (M.), seig. de Poncher et de Mortier, 1608; **Rogier le Partic** (J.), seig. de Bouchillon, 1609-1610. C. *B*. à 4 »

367 **Vaux** (F. de), seig. de Berry, 1611; **Pallu** (L.), seig. de Vaux et Durvau, 1612 et 1613; **Sain** (R.), cons. du roi, trésorier général de Fr., 1614; **Boutault** (Ch.), seig. de Beauregard, 1615-1616; **Joubert** (N.-J.), seig. des Crimillères, 1617-1618; **Leblanc** (J.), écuyer, seig. de Lavalière, 1619; **Gaultier** (J.), conseiller au Parl. de Bretagne, 1620-1621; **Fleury** (J.-Rich.), seig. de Villetrun, cons. du roi, trés. gén. de Fr., 1622-1623; **Dumoulin** (C.), écuyer, seig. de La Souche, 1624; **Cotereau** (C.), président de Tours, 1628-1629; **Pallu** (E.), cons. et avocat du roi au présidial, 1630; **Morin** (F.), cons. du roi au présidial, 1631; **Dupuy**

(G.), seig. du Tillou, 1631-1632; **Catinal** (G.), lieutenant gén. en Touraine, 1633-1634; **Chauvet** (R.), trésorier gén. de Fr. 1635-1636; **Pequineau** (C.), écuyer, seig. de Charentays, 1637; **Le Blanc** (J.), écuyer, seig. de la Pre^{ant}, lieut. criminel, 1638; **Leroux** (N.), seig. de Rochefur, 1639; **Bouet** (J.), écuyer, seig. de La Noue, 1646; **Toulée** (J.), 1653, **Mathe** (Ch.), lieut. gén., 1664. C. *B.* à 2 »

368 **Cop de Poce**, maire. 1765. Arg. *TB.* 10 »

369 **Joubert** (N.), seig. des Tousches, cons. du roi et trés. gén. des finances, 1627. C. *B.* 3 »

Vendôme. Voir n°s 146, 148, 152, 153.

370 **ANJOU**. Champ semé de fleurs de lis et croix. XIIIe siècle. (R. et H. 114.) C. *B.* 2 »

371 ANGERS, 1682. Construction du Collège. C. *TB.* 3 »

372 — S. d. Buste de **Louis XV**. Arg. *B.* 5 »

373 — Maires. **Gohin**, écuyer, 1655; **Renou** (M.), écuyer, seig. de La Féauté, 1689; **Jallet de la Veroullière** (Marin), écuyer, 1743; **Allard** (J.-Fr.), écuyer, 1773. C. *B.* à 2 »

374 — **Falloux** (Mich.), seig. du Lis, 1714-1715. Allusion à la paix de Rastadt. Arg. *FDC.* 12 »

375 — **Jallet de la Veroullière** (Marin), écuyer, 1743. Arg. *B.* 6 »

376 — **Gaudicher** (Ch.), écuyer, 1763. Arg. *FDC.* 8 »

377 — **Boullay du Martray**, écuyer, 1781. Arg. *FDC.* 12 »

378 — **L. St. Xav.**, duc d'Anjou, s. d. Arg. *TB.* 4 »

378 *bis*. — Jeton gravé de la Loge de la Gloire militaire, 1804. Arg. *B.* 10 »

379 **Clermont** (G.-D.), receveur de la ville d'Angers, 1581. C. *TB.* 20 »

380 **Verdier** (Etienne du), maréchal de batailles, 1654. C. *TB.* 5 50

Voir n°s 152, 331.

381 **BRETAGNE**. ETATS, s. d. et 1711. Sous Louis XIV. Arg. *TB.* à 4 50

382 — 1717, 1726, 1744, 1752, 1754, 1768 (2 var.) et 1772. Arg. *TB.* à 4 »

383 — 1730, naissance du dauphin, et 1756. Arg. *TB.* à 5 50

384 — 1778, 1780, 1784 (2 var.) et 1786. Sous Louis XVI. Arg. *TB.* à 3 50

385 — 1788. C. *B.* à 1 50

386 NANTES. Maires. Anonymes. 1642, 1661, 1663. C. *B.* à 2 »

387 — **Libault** (Gr.), seig. de la Templerie, 1671; **Charette** (L.), 1675; **Chevalier**, 1677; **Fremon** (J.), 1680. C. *B.* à 2 50

388 — **Mellier**, chev. de l'Ordre de Saint-Lazare, 1721; **Moricaud de la Haye**, 1738 et 1739; **D'Arquistade**, 1743; **Bellabre**, 1748 et 1752; **Gellee de Premion**, 1754; **Delaville**, 1772-1773; **Gelle de Premion**, 1776, 1780-1781; **Pervanchère** (Rich. de la), 1787-1788. Arg. *TB.* et *FDC.* 6 à 7 »

389 — **Bellabre**, 1748 et 1752. C. *TB.* à 2 »

390 – Conseil municipal, 1855. Arg. *FDC.* 3 »

391 RENNES, 1728. Reconstruction de la ville. – **Hevin**, maire, 1758. Arg. *FDC.* à 5 »

392 — **Lamotte-Fablet**, maire, s. d. Coin de Gatteaux. Octog. Arg. *FDC.* 3 50

393 **Guill.**, seig. de Rivauldes et de la Mothe. Ecu surmonté d'un casque lambrequiné. ℟. **Louise de Racine.** Ecu entre deux branches; au dessus et au dessous, monogramme. Jeton de mariage du XVIe siècle. C. Rare. *TB.* 40 »

La famille Rivaude est originaire de Bretagne; celle de Racine était établie dans la Beauce et en Champagne.

394 **AUNIS**. LA ROCHELLE. Chambre de commerce, s. d. Louis XV (2 var.) et 1754. Arg. *TB.* à 5 50

395 — Chambre de commerce. C. *B.* 2 »

396 — 1774. Sous Louis XVI. Arg. *TB.* 3 »

397 — Le même. C. *B.* 1 »

398 — Juges et consuls, 1760. Arg. *TB.* 7 »

399 — Conseil municipal, 1836. Arg. *TB.* 3 »

400 **GUYENNE ET GASCOGNE**. Bayonne, 1738. Armes de France ou buste de Louis XV (2 var.). Arg. *TB*. à 5 »

401 — Porteurs de blé. Sous Louis XV. Arg. *TB*. 6 »

402 — S. d. et sans légendes. Armes de Truzi. ℞. Armes de Peyronnenq. Octog. C. Doré. *B*. 10 »

La famille de Truzy est originaire de la Guyenne ; celle de Peyronnenq du Quercy.

403 — S. d. Armes de Filley de la Barre, chev. de l'Ordre de saint Louis. ℞. Oranger planté dans une caisse placé dans une campagne. C. *TB*. 10 »

Voir n° 448.

404 Bordeaux. S. d. Sous Louis XV (2 var.). Arg. *TB*. à 4 50

405 — S. d. Sous Louis XVI. Arg. *TB*. 8 »

406 — Chambre de commerce, 1750. Tête au bandeau. Arg. *FDC*. 6 »

407 — Chambre de commerce, 1750. Tête laurée. Arg. *B*. 3 »

408 — Chambre de commerce, 1750. Tête laurée et vieille. Coin de Duvivier. Arg. *TB*. 5 »

409 - Chambre d'assurances, 1755. C. *B*. 2 »

410 — Académie de peinture, etc., 1778-1780. Arg. *FDC*. 5 »

411 **LANGUEDOC**. Etats, 1651, 1659, 1667, 1677, 1698, 1700 et 1705. C. *B*. 0 50 à 1 »

412 — 1701. Arg. *B*. 5 »

413 — 1723. Sacre de Louis XV. C. *B*. 4 »

414 — 1730, naissance du dauphin. — 1746, publication de l'histoire du Languedoc. Arg. *TB*. à 8 »

415 — 1744, 1750, s. d. Arg. *TB*. à 5 »

416 — 1752, 1759, 1766, 1769. Arg. *TB*. à 3 »

417 — 1786. Sous Louis XVI. Coin de Gatteaux. Arg. *FDC*. 5 »

418 Leucate, 1638. C. *AB*. 1 50

419 Toulouse, 1747. La France assise à g., devant une ville fortifiée et s'appuyant sur les écus du Languedoc et de Toulouse. ℞. Mariage du dauphin avec M. J. de Saxe. Arg. *B*. 20 »

420 — S. d. Même avers. ℞. Vaisseau. C. *TB*. 10 »

421 **Monchal** (Ch. de), archevêque de Toulouse, 1630. Ses armes. ℞. Armes de J. B. Montchal, chev., conseiller d'état et maître des requêtes. C. *AB.* 3 50

422 **ROUSSILLON. Habert de Montmort,** évêque de Perpignan, 1680. C. *Usé.* 2 »

423 **AUVERGNE.** Clermont, évêché. **Gilb. de Veiny d'Arbouze,** 1666. C. *Usé.* 3 50

424 — **Bochart de Saron** (Fr.), 1693. C. *FDC.* 2 »

425 — **Massillon** (J.-B.), 1719. C. *FDC.* 3 »

426 Riom. **Combe** (de), prévôt de la monnaie du duc de Berry, 1693. C. *TB.* 4 »

427 Rodez, évêché. D'Estaing, 1619, 1653, 1694. C. *TB.* à 5 »

427 *bis*. **PROVENCE.** Cosme de **Valbelle,** conseiller et sénéchal de Marseille. C. *B* 5 »

Voir aussi n° 188.

428 **BERRY.** Agneau pascal et croix (xvie siècle). C. *B.* 2 »

429 Bourges, 1635. Sous Louis XIII. C. *TB.* 2 »

430 — **Bigot** (Ant.), maire, 1635-1643. C. *B.* 4 »

431 — Archevêché. **Anne de Levis de Ventadour,** 1655. C. *TB.* 4 50

432 — **De Monpezat,** 1666. C. *B.* 5 »

433 — **Mich. Philippeaux,** 1680. C. *B.* 2 »

434 Bourges. Archevêché, **L. de Gesvres,** 1694. C. *B.* 3 *FDC.* 4 »

435 — Archevêché. **De Roye de la Rochefoucauld** (F.-J.), 1729. C. *B.* 2 »

436 — Archevêché. **Philippeaux** (G.-L.), 1757. C. *B.* 2 50

437 **Félibien** (Nic.-And.), vicaire général et doyen à Bourges, 1697. Les armes. ℞. Les armes d'And. Félibien, écuyer, seig. des Avaux et de Javercy, et de son épouse, Marguerite Lemaire. C. Refrappé. *FDC.* 3 50

Voir n°s 359 *bis*, 699.

438 **Hac** (André), greffier de la cour des monnaies de Paris. C. *B.* 3 »

439 Blois. **Henri II,** 1554. C. *AB.* 2 50

440 — Chambre des comptes, s. d. Sous Henri IV et Louis XIII. C. *AB.* à 1 50

441 — Maison commune. Sous Henri IV et Louis XIII. C. *AB.* à 2 »

442 — Maison commune. Sous Gaston de France, duc d'Anjou et duc d'Orléans. C. *B.* 5 »

443 — Maison commune. Sous Louis XIII. 1630. C. *TB.* 3 »

444 — **Sandrier** (Jacques), cons. du roi, lieut. part. en l'élection de Blois, 1642. C. *B.* 8 »

445 — « Ex dono urbis Blesensis ». Armes de Blois, à l'exergue, 1775. ℞. « Pro officiis Petri Boucherat scabini » en cinq lignes dans le champ. Arg. *TB.* 15 »

Voir n° 701.

446 HENRICHEMONT. **Max F. de Béthune**, duc de Sully, prince d'H., s. d. (vers 1600). C. *B.* 4 »

447 — **Max de Béthune,** marquis de Rosny, grand maître de l'artillerie de France. 1602. C. Usé. 4 »

448 **NIVERNAIS. Marie d'Albret** duchesse de Nevers. Ecu écartelé et surmonté d'une couronne ducale. ℞. Bâtons noueux enlacés avec des plumes. C. *AB.* 10 »

449 — **Louis de Gonzague** et **Henriette de Clèves,** 1587, 1633, 1640, 1651. C. *B.* à 2 »

450 NEVERS (ville), s. d. et 1592. Ecu de Nevers. ℞. Main sortant des nuages et tenant sept flèches. C *B.* à 2 50

451 **De Bèze** (Jacques), conseiller des aides, 1707, et Claude de Bèze, conseiller au Parlement, 1714. Leurs armes. ℞. La Justice debout. Comp. Fontenay, p. 409. C. *B.* 6 »

452 **LYONNAIS.** Echevins de Lyon. **Poney,** 1661; **Lumague,** 1663; **Cachet,** 1670. C. *B.* à 8 »

453 — **Mascrany,** 1667; **Bathéon,** 1678; **Cachet,** 1707. C. *B.* à 6 »

454 — **Cogniat,** 1672; **Dulieu,** 1692; **Dugas,** 1699; **Ravat,** 1709, 1711, 1713 et 1715. C. *B.* à 2 »

455 — **Perrichon** (Pierre), s. d. (vers 1701). Inconnu à Poncet. C. *B.* 10 »

456 — **Cachet,** 1705 et 1707; **Dervieu,** etc., 1707; **Albanel,** etc., 1717. C. *B.* à 6 »

457 — **Jannon,** etc., 1719; **Bourg,** etc., 1721; **Goy,** 1723. C. *B.* à 3 50

458 — **Dugas,** 1725, 1727, 1729; **Perrichon,** 1731, 1733, 1735, 1737; **Claret,** 1741 et 1743. C. *B.* à 2 50

459 — **Riverieulx de Varax,** 1745, 1749; **Flachat** 1753, 1755 et 1763. C. *B.* à 2 »

460 — **Champs, Ravachol,** etc., 1747; **Dugas,** 1751. C. *B.* à 3 »

461 — **Rambaud l'aîné** (André), 1769. Inconnu à Poncet. Arg. *TB.* 8 »

462 — **Chirat** (Jean-Antoine), 1771. Inconnu à Poncet. Arg. *TB.* 10 »

463 — **Richelieu,** cardinal et archevêque de Lyon, 1635. C. *B.* 1 50

464 — **Neufville de Villeroi** (Cam.), archevêque de Lyon, 1676. C. *B.* 5 »

465 — **Neufville de Villeroi** (Fr.), gouv. de Lyon et maréchal de France, s. d. C. *B.* 5 »

466 — **Bathéon** (Léon de), seig. de Vertrieux, cons. en la cour des monnaies de Lyon, et sa femme, Bonne Pupil, s. d. (vers 1720). C. *B.* 3 50

467 — Académie des sciences, etc., 1700 (2 var.). Arg. *TB.* à 3 »

468 — Notaire, 1715, 1839, s. d. et 1883. Arg. *TB.* à 4 »

469 — Académie de tir. Arg. *TB.* 4 50

470 — Drapiers, 1755. Arg. *FDC.* 10 »

471 — Chambre de commerce, 1706 et 1717. C. *TB.* à 2 50

472 — Chambre de commerce, s. d. Arg. *TB.* 3 50

473 — Tribunal de commerce, 1816. Octog. Br. *FDC.* 2 »

474 — Courtiers de commerce, 1833. Octog. Arg. *FDC.* 3 50

475 — Agents de change, 1773. Arg. *TB.* 5 »

476 — Société des instituteurs. Sous Louis XVI. Arg. *TB.* 5 »
477 — Canal de Givors, 1784. Arg. *TB.* 13 50
478 Villefranche. Méreau, 1646. N.-D. des Marais. C. *AB.* 5 »
479 — Avoués. S. d. C. *TB.* 2 »
480 Belley. Méreau au type de l'agneau. C. *TB.* 2 »
481 — Méreau au saint Jean debout. C. *B.* 3 »
482 — Méreau à la tête de saint Jean. C. *B.* 2 50
483 **FOREZ.** Soc. hist. et archéologique « La Diana ». Arg. *FDC.* 5 »
484 **Jullien du Vivier,** s. d. Monogramme et armoiries. Octog. C. *TB.* 6 »
485 **DOMBES. Louis II de Bourbon,** 1576. Cerf ailé et boulet enflammé. C. *B.* 8 »
486 — **Mlle de Montpensier,** 1633. C. *B.* 6 »
487 — **Mlle de Montpensier,** 1635 et 1637. C. *B.* à 2 »
Voir n° 151.
488 **DAUPHINÉ.** Vienne. Méreau du chapitre à Saint-Maurice à cheval. C. *B.* 5 »
489 **BOURGOGNE.** Epoque de Jean sans Peur. Briquet et étincelles. ℞. Croix. C. *B.* 6 »
490 — **François I.** Chambre des comptes de Dijon, 1520. Grand F couronné entre deux lis. ℞. Salamandre sous une couronne. C. *B.* 12 »
491 — **Henri II.** Chambre des comptes, s. d. et 1556. C. *AB.* à 4 »
492 — **Louis XIV.** Chambre des comptes. C. *B.* 1 »
493 Etats, 1623, 1634, 1636, 1639, 1642, 1645, 1648, 1651, 1653, 1657, 1659, 1662, 1665, 1668, 1671, 1674 (2 var.), 1676, 1677, 1678, 1680, 1682, 1686, 1688, 1692, 1694, 1698, 1701, 1704, 1707, 1710, 1713, 1715, 1719, 1722, 1725, 1731, 1735, 1737, 1740, 1743, 1746, 1749, 1752. C. *B.* à 1 »
494 — 1694. Sous les deux Condé. Arg. *TB.* 5 »
495 — 1728. Arg. *TB.* 20 »
497 — Même pièce. C. *TB.* 2 »
498 — 1740. Buste de Louis XV. Arg. *TB.* 6 »

499 — 1789. Buste de Louis XVI. Arg. *FDC.* 7 »
500 Elus. **Gadagne d'Hostun** (G.), 1695. C. *TB.* 4 »
501 — **Sonois** (F.), maire de Nuits, 1701 ; **Ramisse** (J. de la), 1704. C. *TB.* à 3 »
502 — **Chartraire de Montigny,** s. d. ; **Lemulier,** 1710. C. *B.* à 2 »
503 — **Sercey,** 1707. C. *TB.* 4 »
504 — **Lemulier** (Cl.), maire de Semur, 1710. Arg. *FDC.* 10 »
505 — Jeton à la ruche à miel, 1710. C. *B.* 6 »
506 — **Pons** (R.-C. de), 1719 ; **Vienne** (L., marquis de), 1722. C. *B.* à 4 »
507 — **Pernot** (And.), 1740. C. *AB.* 5 »
508 — **Ferrand** (A.-F.), intendant en Bourgogne et Bresse. C. *B.* 4 »
509 Dijon. **Roghier** (G.), 1584, s. d. C. *B.* à 8 »
510 — **Bouyer** (P.), 1584 ; **Laverne** (J.), s. d., 1590 ; **Fleutelot.** 1594 (2 var.) ; **Fremiot** (B.), 1597. C. *B.* à 4 »
511 — **Frasans** (J. de), 1603, 1627 ; **Arviset** (Et.), 1616, 1617 ; **Comeau** (P.), 1643, 1644 ; **Catin** (J.), 1671 (refrappé) ; **Marlot** (Cl.), 1754 ; **Rousselot,** 1769. C. *B.* à 2 »
512 — **Burteur** (J.-P.), 1742. Arg. *FDC.* 8 »
513 — **Raviot** (G.). 1772. Arg. *B.* 6 »
514 — **Moussier** (L.), 1787. Arg. *FDC.* 16 »
515 — **Sainte-Chapelle.** Méreau, 1579. C. *Usé.* 3 »
516 Parlement. 1645. C. *B.* 2 »
517 — **Berbizey I,** 1er président au parlement (**Baudinet,** vice-maire, 1716). C. *B.* 6 »
518 Auxerre. **Piretouy** (E.), receveur des tailles, 1659. C. *B.* 3 »
519 Auxonne, 1617. Armoiries de la ville et singe assis. C. *B.* 5 »
520 — 1613. Ecussons de France, de Navarre et celui du maire Laverne. ℞. Diamant placé sur une enclume et surmonté d'un marteau. C. *B.* 10 »
521 — 1621. **Jurain** (Lors. de), maire. C. *B.* 7 »

522 AVALLON. Société mélophile, 1787. Arg. *TB.* 6 »
523 — Le même. C. *Usé.* 1 »
524 BEAUNE. Méreau, 1585. Vierge et puits. C. *Usé.* 3 »
525 — Chapitre de la collégiale de N.-D. Méreau (XIIII), s. d. C. Troué. *AB.* 2 »
526 — Maires. **Lamare** (Et.), 1654. C. *TB.* 5 »
527 — **Parigot**, 1660; **Bérardier**, s. d.; **Lorenchet**, 1670; **Tixier**, 1675; **Lamare**, 1676 et 1677. C. *B.* à 2 »
528 — **Gillet** (P.), 1719. C. *TB.* 3 »
529 MACON. **Chevrier** (Fr.) et **L. Parise**, s. d. C. *B.* 3 »
530 — **Crémeaux**, marquis d'Entragues (L.-C.), gouverneur, s. d. Octog. C. *B.* 6 »
531 — **Mercier**, nourrice du dauphin, s. d. Octog. C. *TB.* 1 25
532 SENS, 1579. C. *AB.*
533 — Juges et consuls, 1766. Sous Louis XV. Arg. *B.* 7 »
534 — Juge et consuls, 1766. Sous Louis XVI. Arg. *TB.* 5 »
535 — **Gondrin** (L.-H. de), archevêque, 1657. C. *AB.* 5 »
536 **FRANCHE-COMTÉ**, s. d. Charles-Quint à cheval et aigle. C. *B.* 3 »
537 — Bureau des finances, 1561. C. *AB.* 2 »
538 BESANÇON, 1581 et 1631. C. *B.* à 3 »
539 — Chambre des comptes, 1626. C. *B.* 6 »
540 — **Lisola**, co-gouverneur, 1648. Reprod. galv. 1 »
541 — **Monnier** et **Mareschal d'Audeux**, co-gouverneurs, 1667, C. *B.* à 4 »
542 — Prise de la ville, 1674, par Louis XIV. C. *B.* 2 »
543 SALINS. Salines, 1540 et 1557. C. *AB.* à 3 50
545 **L'Abbey de la Roque** (Bapt.), tué à Montcontour, 1568. Arg. *TB.* 10 »
Voir n° 301.
546 **CHAMPAGNE**. REIMS. Sacre de Louis XIV. C. *TB.* 3 »
547 — Même évènement (2 var.). C. *B.* à 1 »
548 — Arquebusiers, 1707. C. *B.* 2 »

549 — **Louis de Lorraine-Guise,** archevêque, 1581. C. *B.* 6 »

550 Chalons-sur-Marne, 1591. Buste d'Henri IV, barbe en pointe. ℟. Intérieur de la monnaie. Arg. doré. *B.* 50 »

551 — Variété dans le portrait et le dessin de la cuirasse. Arg. *TB.* 40 »

552 — Hôtel de ville, s. d. (2 var.). Arg. *TB.* à 7 »

553 Meaux, 1660 (2 var.). C. *B.* à 1 »

554 Troyes. Arquebusiers. Sous Louis XVI. Arg. *TB.* 8 »

555 Vitry-le-François. Comptoir, 1845. Arg. octog. *FDC.* 4 50

556 **Montmorency-Bouteville,** duc de Luxembourg et de Piney (Fr. Henri de), maréchal de France. Sa mort, 1695. (Dassier.) C. *B.* 4 »

Voir nos 393, 718, 768, 781.

557 Charleville. **La Trémoïlle** (Louis de), duc de Noirmoutiers, vicomte de Tours, gouverneur de Ch. et du Mont-Olympe. C. *Usé.* 2 50

558 Bouillon. **Godefroid III.** Son buste et la Cour souveraine de la ville, 1788. Octog. Arg. *TB.* 20 »

559 **LORRAINE ET BARROIS.** Chambre des aides, 1616. C. *B.* 2 »

560 — Chambre des comptes, 1662 et s. d. C. *B.* à 2 »

561 Bar-le-Duc. Chambre de ville, 1659. C. *B.* 1 »

562 Montmédy. Prise de la ville, 1657. C. *B.* 1 »

563 Nancy. Chambre de ville, 1668. C. *B.* 1 »

564 **Chaumont de la Galaisière** et **Bergeret,** s. d. (1759). C. *AB.* 2 »

565 **Rosset** (A.-H. de), duc de Fleury, gouverneur de la Lorr. et du Barrois, s. d. (1755). C. *B.* 4 »

Voir nos 353, 549, 704.

566 **ALSACE,** 1680. Occupation française. « Francorum exercitus ad Rhenum ter victor. » C. *B.* 2 50

567 — 1848. Anniversaire biséculaire de l'annexion de l'Alsace. Etain. *B.* 1 50

568 Strasbourg, 1681. Prise de la ville. C. *B.* 4 »

569 — 1781. Jubilé de l'annexion à la France. Arg. *FDC.* 20 »

570 — 1810. Arrivée de l'impératrice Marie-Louise. Arg. *FDC.* 5 »

571 — Le même. Cuiv. *TB.* 1 50

572 — 1817. Jubilé religieux. Carré. Arg. *TB.* 5 »

573 — 1889. Arrivée de l'empereur et de l'impératrice d'Allemagne. Arg. *FDC.* 6 »

574 **Wignacourt** (Ant., marquis de), seigneur de Morimont, et **M. H. M. de Villelongue-Brunehamel**, 1716. C. *B.* 10 »

575 **Corberon** (Nic. de), premier président d'Alsace. Son mariage avec Fr.-S. de Loudreau, 1730. Jeton gravé par saint Urbain. C. *B.* 30 »

Voir n° 706.

576 **ARTOIS.** ARRAS. Chapitre 4. 3 et 2 deniers, s. d. C. *AB.* à 1 50

577 — **Robert de Melun**, marquis de Roubaix, gouverneur, s. d. (1585). C. *TB.* 30 »

578 — Paix désirée par Louis XIV, 1656. C. *B.* 2 »

579 — ETATS, 1705 et s. d. (Louis XV). C. *B.* à 0 50

580 — **Lalaing** (E. de), marquis de Renty, et **Anne de Croy**, 1586. Cuiv. *TB.* 13 »

Voir n°s 446, 574.

581 **PICARDIE.** AMIENS. Reddition au roi de France, 1598. C. *AB.* 4 »

582 — S. d. (Louis XIII et XIV) et 1680. C. *B.* à 1 »

583 — Chambre de commerce, 1761. Arg. *TB.* 4 »

584 BAPAUME. Prise par le maréchal de La Meilleraye, 1641. C. *AB.* 3 »

585 BÉTHUNE. Méreau de saint Barthélemy. C. *Usé.* 2 »

586 PÉRONNE. Paix désirée par la France, 1656. Femme assise. ℞. Cavalier ou arbre (2 var.). C. *B.* à 3 »

587 SAINT-OMER. Méreau de saint Jean, 1619. Plomb. *AB.* 4 »

588 — Conseil municipal, 1864. Octog. C. *TB.* 1 »

589 — **J.-A. de Valbelle**, évêque, 1723-30. C. *B.* 2 50

Beauvoisis. Voir n° 331 *bis.*

589 *bis.* — Armes de Guislain sous une couronne de marquis. ℞. Ecu de gueules à un mors et à la filière engrêlée d'argent, sous une couronne comtale. Octog. C. *FDC.* 6 »

590 **FLANDRE et CAMBRÉSIS.** Etats de la Flandre wallonne, s. d. (Louis XVI). Octog. Arg. *TB.* 5 »

591 Aniche. Compagnie houillère. 30 et 12 sous, 1820. C. *TB.* à 4 »

592 Cambrai. Chapître. 6 deniers, 1562, et 2 deniers, s. d. C. *AB.* à 2 »

593 — Délivrance par le duc d'Alençon, 1581. (Dugn. 2827.) Arg. *TB.* 15 »

594 — **Jean de Montluc,** seigneur de Balagny, gouverneur, s. d. (Dugn. 3227.) C. *TB.* 22 »

595 — S. d. W couronné, entre trois lis. ℞. CAMBRAY, entre trois lis. C. *B.* 5 »

596 — S. d. Tête de Louis XV. Arg. *TB.* 4 »

597 — S. d. Buste de Louis XV. Arg. *TB.* 3 »

598 — S. d. Tête de Louis XVI. Arg. *FDC.* 4 »

599 — S. d. Buste de Louis XVI, à g. (Droz.) Arg. *FDC.* 5 »

600 — S. d. Buste de Louis XVI, à dr. (Gatteaux.) C. *TB.* 2 50

601 Cysoing. **Vranx d'Amelin,** abbé (originaire de Tournai), 1661. C. *B.* 3 50

602 Dunkerque. S. d. Buste de Louis XIV et vue de la ville (2 var.). C. *B.* à 1 25

603 Lille. Bureau des finances, 1540. C. *B.* 1 50

604 — Chambre des comptes, s. d. (1547), 1565 et 1577. C. *B.* à 2 »

605 — Etats, 1588, 1617, 1621, 1639, 1667. s. d., 1677, 1697, 1713 et 1737. C. *B.* à 1 »

606 — Chambre de commerce et la Monnaie sous Louis XV. C. *B.* à 1 50

607 — Administration des biens des pauvres de la paroisse Sainte-Catherine, 1776. Arg. *TB.* 5 »

608 — Méreau du xve siècle. Personnage mitré tenant une crosse et bénissant, debout, dans une niche. ℞. Lis placé entre S. et A dans un cercle de neuf croissants. Plomb. *B.* 10 »

609 — Chapitre de Saint-Etienne, 1637. Tête de mort. C. *B.* 6 »

610 — Chapitre de Saint-Etienne. 4 et 3 deniers, 1637. C. *B.* à 4 »
611 — Chapitre de Saint-Maurice, 1666. C. *B.* 4 50
612 MAUBEUGE. Méreau de Sainte-Adelgonde. Plomb. *Usé.* 1 »
613 VIEUX-CONDÉ (Mines). « Jetton d'Hercheur. » C. *B.* 3 »
614 **HAINAUT**. ETATS, 1574 et 1644. (Armes de Bucquoy et de Croy). C. *B.* à 2 »
615 VALENCIENNES. Prise de la ville et de celle de Condé, 1657. C. *TB.* 1 25
616 — Conseil, 1758 (Louis XV). (2 var.) Arg. *TB.* à 4 »
617 - Soc. de bienfaisance des Incas, 1866. C. *TB.* 4 »
618 ATH. Méreau d'obiit. Plomb. *B.* 4 »
619 CHARLEROI, 1667. Construction de la citadelle. Arg. Rare. *FDC.* 16 »
620 — S. d. Délivrance de la ville par Louis XIV. C. *B.* 4 50
621 TOURNAI. Méreau religieux, 1574 et 1593. C. *AB.* à 3 »
622 — S. d. (1678). Bustes de Louis XIV et de Marie d'Autriche et armes de la ville. C. *B.* 2 »
623 — S. d. Paix d'Utrecht, 1714. Arg. *TB.* 6 »

SUPPLÉMENT

624 Canal de Briare. « Via Ligeris in Sequanam, 1606. » ℞. Sanglier marchant, à dr. C. *B.* 7 »
625 **Boussu** (M. de Henin, comte de) et **Werchin**, 1568. C. *B.* 8 »
626 **ESPAGNE. Charles II**. Son mariage avec Marie-Louise d'Orléans, 1680. C. *TB.* 5 »
627 Indéterminé. Jetons armoriés, 1657. C. *B.* à 1 50
628 — Dans le champ : SALE, 1643, en deux lignes. ℞. Amphitrite debout sur un dauphin entre les lettres A et N. C. *B.* 18 »
629 **Lemaistre** (Ant.), avocat au Parlement de Paris. Sa mort, 1658. (Dassier.) C. *FDC.* 3 »

630 **Madoets** (J.). S. d. Prise de Bude, 1686. C. *TB.* 3 »

631 **Méan** (J.-F. de), doyen de la cathédrale de Liège, 1693. C. *TB.* 10 »

632 **Quarré** (comte de), sénateur du Luxembourg belge, Jeton satyrique, 1838. C. *TB.* 2 50

633 Jeton de jeu. « Craignez d'un vain plaisir les trompeuses amorces. » Octog. Arg. *TB.* 4 »

634 Jeton satirique, 1755. Chasseur emmenant une femme. Arg. *TB.* 10 »

635 S. d. (fin du xve siècle). Personnage tenant une pendule et un tournesol, debout, devant la mort armée d'une faux. ℞. Pélican. Arg. *TB.* 25 »

MÉDAILLES

636 **FRANCE. Henri IV**. Méd. de Dupré, 1604. Son buste, à dr. ℞. Le roi assis, à dr., donnant la main à l'Abondance. Br. 56 millim. *TB.* 30 »

637 **Louis XIII**. Méd. de Dupré, 1613. Son buste, à dr. ℞. La régente assise sur un arc-en-ciel. Br. 51 mill. *B.* 20 »

638 — Méd. de Dupré, 1623. Son buste, à dr. ℞. La Justice assise, à dr. Br. 61 mill. *TB.* 50 »

639 — Méd. 1624. Son buste, à dr. ℞. Façade du Louvre. 21.5 gr. *B.* 20 »

640 **Anne d'Autriche et Louis XIV**. Méd. de Warin, s. d. (1643). Br. 29 millim. *TB.* 18 »

641 **Louis XIV**. Méd. 1672. Le roi vient à Paris à son retour de la campagne de Hollande. 50 gr. *TB.* 42 »

642 — Prise de Luxembourg, 1684. (Leblanc.) Br. *TB.* 5 »

643 — Destruction des temples calvinistes, 1685. Br. *TB.* 3 »

644 — Méd. satirique, 1688. Alliance avec la Turquie, le dey d'Alger et l'Angleterre. (V. Loon, III, 347, 3.) 28.5 gr. *FDC.* 60 »

645 **Louis XIV**. Paix avec la Savoie, 1696. (Mauger.) Arg. 31 gr. *FDC.* 16 »

646 — Reddition de douze villes du Brabant, 1706. (Loon, V, 39, 2.) 30 gr. *AB.* 15 »

647 — Érection de sa statue équestre à Lyon, 1714. Br. 73 millim. *TB.* 15 »

648 **Louis XV**. Second mariage du dauphin avec Marie-Josèphe de Saxe, 1747. 15.5 gr. *TB.* 5 »

649 — Érection de la place Saint-Sulpice, 1754. Br. *TB.* 4 »

650 — Reconstruction de l'école militaire, 1769. Br. 64 millim. *TB.* 6 »

651 — Mariage du dauphin avec Marie-Antoinette d'Autriche, 1770. 16 gr. *TB.* 4 50

652 — Mariage du comte d'Artois avec Marie-Thérèse de Sardaigne, 1773. ℞. Ordre de Saint-Michel. 30 gr. *TB.* 15 »

653 **Louis XVI**. Buste du roi, à g. ℞. Buste de Marie-Antoinette, à g. Br. *TB.* 9 »

654 — Son sacre à Reims, 1775. 24 gr. *FDC.* 8 »

655 — La même. 16 g. *B.* 3 » *FDC.* 4 »

656 — Naissance du dauphin, 1781. 16 gr. *TB.* 4 »

656 *bis.* — Canal de Bourgogne, 1783. Br. 73 millim. *TB.* 6 »

657 — Assemblée nationale. Abandon de tous les privilèges, 1789. Br. 64 millim. *TB.* 5 »

658 — Sa mort, 1793. (Stierle.) 14 gr. *FDC.* 5 »

659 — Sa mort. (Loos.) 9 gr. *FDC.* 1 75

660 **République**. Bonaparte. Traité de Campo-Formio, 1795. (15.) 16 gr. *B.* 10 »

661 — Prix de l'Académie de peinture décerné à Joseph Montalegre. (192.) 68 gr. *B.* 20 »

662 — Conquête de la Basse-Egypte, 1798. (18.) 16 gr. *TB.* 10 »

663 — Conquête de la Haute-Egypte, 1798. (19.) Br. *B.* 6 »

664 — Méd. de Salvirch, 1799. L'ordre rétabli à

Venise par Cocastellio. Inconnu à Millin. 58 gr. *FDC.* 25 »

665 — Mort de Desaix à Marengo, 1800. (26.) Br. *TB.* 5 »

666 — Rétablissement de la place Bellecour à Lyon, 1800. (32.) Br. *TB.* 5 »

667 — Translation du corps de Turenne au temple de Mars, 1800. (34 var.) Br. *TB.* 5 »

668 — Construction des trois ponts en fer sur la Seine à Paris, 1801. (173.) Octog. Arg. *TB.* 10 »

669 — Police de Paris, 1801. (402.) Br. *FDC.* 3 »

670 — Pacification de la Vendée, 1801. (43.) Etain. *TB.* 5 »

671 — Méd. (de Mercié), 1802. Consulte italienne à Lyon. Inconnu à Millin. 51 gr. *FDC.* 38 »

672 — Les trois consuls. Au retour de la paix, 1802. (55.) Br. *FDC.* 6 50

673 — La Fortune conservatrice, 1803. (72.) Br. *TB.* 2 50

674 **Napoléon I.** Sacre de l'empereur, 1804. (87.) 34 g. *TB.* 10 »

675 — Le repas de la ville, 1804. (88.) Br. *FDC.* 9 »

676 — Son couronnement, 1804. (86.) Or. *TB.* 10 »

677 — Son couronnement à Milan, 1885. (97.) Br. *TB.* 3 50

678 — Canal de l'Ourcq, 1809. (266.) Br. *FDC.* 3 »

679 — Ses victoires, 1809. (248.) 44 gr. *FDC.* 16 »

680 — La même. Br. *FDC.* 5 »

681 — Chambre de commerce d'Anvers, 1809. (308.) 15 gr. *TB.* 5 »

682 — Collège britannique à Paris, s. d. (66.) 11 gr. *FDC.* 10 »

683 — Son mariage à Vienne, 1810. (262.) Br. *FDC.* 2 »

684 — Son mariage, 1810. Tête de l'Empereur, à dr. ℞. L'Amour emportant la Foudre. (257 var.) 3 gr. *FDC.* 2 50

685 — Son mariage. (256.) 10 gr. *TB.* 4 »

686 — Naissance du roi de Rome, 1811. Buste de l'enfant à g. ℞. Têtes de l'empereur et de sa femme. (470 et 472.) 40 gr. *TB.* 15 »

687 — Retour de l'ile d'Elbe, 1815. (286.) Br. *FDC.* 5 »

687 *bis.* — Napoléon débarque dans le golfe Juan. (287). 42 gr. *B.* 20 »

688 — Marie-Louise visite la Monnaie de Paris, 1813. (291.) Br. *FDC.* 3 »

689 — Pauline Borghèse, s. d. Les trois Grâces. (294.) Br. *FDC.* 5 »

690 **Louis XVIII**. Jeton d'une société secrète de la Restauration. Br. *B.* 2 50

691 — Mort du duc de Berry, 1820. 40 gr. *FDC.* 6 »

692 — La duchesse de Berry. « Il nous rendra la poule au pot. » 11 gr. *FDC.* 8 »

693 — Mariage du comte de Chambord avec M.-Th. de Modène. 20 gr. *FDC.* 8 »

694 **Napoléon III**. Alliance avec l'Angleterre contre la Russie 1853-54. Br. *FDC.* 5 »

695 — Manifestation à San Francisco en l'honneur des succès en Crimée, 1855. Etain. *B.* 4 »

696 — Chemins de fer d'Algérie, 1857. Br. *B.* 1 50

697 — Campagne d'Italie, 1859. 5 gr. *TB.* 4 »

698 **Andriel** (P.). Traversée en bateau à vapeur de Londres à Paris, 1816. Br. *TB.* 8 »

699 **Brisacier** (Math. de), originaire du Berry. Méd. de C. Martin, s. d. (vers 1680). Son buste cuirassé à dr. ℞. La Valeur assise sur un lion devant une forteresse. Br. doré, 53 millim. Rare. *TB.* 65 »

700 **Corneille** (S.). Son monument à Rouen, 1834. Br. *FDC.* 5 »

701 **Desmoulins de Rochefort** (L.), médecin du roi, originaire du Blésois. Méd. de la fin du xve siècle. Br. *TB.* 55 »

702 **Hoche** (L.), général en chef. Inauguration de son monument à Versailles, 1832. Br. *TB.* 2 50

703 **Poter** (G.), médecin et conseiller des rois de France et de Pologne, 1665. Br. *AB.* 10 »

704 **LORRAINE. Ferry III** et **Marguerite de Na-**

varre. — **Thibaut I** et **Gertrude de Dagsbourg**. — **Henri** et **Marg. de Gonzague**. Br. (Saint-Urbain). *B.* à 3 »

705 — **Elisab. Charl. d'Orléans**. (Saint-Urbain), 1729. Br. *TB.* 5 »

V. n°s 559 et suiv.

706 **ALSACE. Louis XVI**. Anniversaire de l'annexion de Strasbourg, 1781. 36 gr. *FDC.* 30 »

707 — MULHOUSE. Festival, 1870. Etain. *FDC.* 4 »

V. n°s 566 et suiv.

708 **Betskoy** (J.-J.), conseiller à la cour de Russie, 1772. Br. *TB.* 10 »

709 **Clément XIV**, pape. Méd. de van Berckel. Suppression de l'ordre des jésuites en France, 1773. 22 gr. *FDC.* 16 »

710 **Croy** (Ph. de), comte de Solre, marquis de Renty. Son buste. Br. *Revers usé. AB.* 10 »

711 **Guttenberg** (J.). Méd. 1818. Br. *TB.* 1 50

712 **Hardenberg**. Son buste à g. ℞. Chasseur tirant un cerf. Etain. *B.* 4 »

713 **Jansénius**, évêque d'Ypres. Méd. satirique, 1659. Br. coulé. *B.* 2 »

714 **Luther**. Méd. 1717. Second jubilé de la Réformation. 29 gr. *TB.* 12 »

715 **Marlborough** (J. Churchill, duc de), sa mort, 1722. Br. *TB.* 4 »

715 *bis*. **Guill. de Nassau**, roi des Belges, gr. duc de Luxembourg. Victoire de Palembang, 1821. 34 gr. *FDC.* 13 »

MÉDAILLES MAÇONNIQUES

Angers. Voir n° 378 *bis*.

716 BORDEAUX. Loge anglaise n° 204, s. d. Br. *FDC.* 2 »

717 CAEN. Loge de Saint-Jean de Thémis, 1772. Br. *TB.* 5 »

718 CHATEAU-THIERRY. Loge Jean de Lafontaine, s. d., Br. *FDC.* 1 »

719 DOUAI. Loge écoss. de la parfaite union, 1802. Arg. B. 5 »
720 — La même. Br. *B.* 1 50

Jacmel. Voir n° 771.

721 LE HAVRE. Loge des trois H., 1813. Br. *TB.* 3 »
722 — Loge écoss. de l'olivier écossais, 1829. Br. *FDC.* 6 »
723 LOUVIERS. Loge des Arts et l'Amitié, 1805. Arg. *FDC.* 12 »
724 LYON. Loge des chevaliers du Temple, s. d. Br. *B.* 1 »

Orléans. Voir n° 359.

725 PARIS. Loge du point parfait, 1760. Br. *FDC.* 1 »
726 — Loge des frères unis, 1775. Arg. *TB.* 6 »
727 — Loge de la constance éprouvée, 1785. Br. *TB.* 2 50
728 — Loge des amis incorruptibles, 1785. Br. *FDC.* 1 »
729 — Loge ch. de Saint-Antoine du parfait Consentement, 1785. Br. *FDC.* 0 50
730 — Loge de l'union de famille, 1786. Br. *B.* 4 »
731 — Loge de Saint-Alexandre, s. d. — Loge de Saint-Charles, s. d. Br. *B.* à 2 »
732 — Loge des amis de la paix, 1789. Br. *TB.* 3 »
733 — Loge de la Trinité, 1802. Arg. *FDC.* 15 »
734 — Loge de la parfaite réunion, 1802. Br. *B.* 2 »
735 — Loge du G. Sphinx (à la pomme), 1804. Arg. *TB.* 12 »
736 — Loge ch. et areopa. du Phœnix, rite d'Herodom, 1804. Br. *TB.* 5 »
737 — Triple unité écossaise, 1804. Br. *TB.* 2 50
738 — Loge de Saint-Eugène, 1805. Br. *B.* 2 50
739 — Loge de la constance couronnée, 1806. Br. *FDC.* 3 50
740 — Commandeurs du Mont Thabor, 1807. Br. *FDC.* 3 »
741 — Loge de la rose étoilée rég., s. d. Br. *TB.* 2 50
742 — Loge des cœurs unis, 1808. Br. *TB.* 2 »
743 — Chapitre de H-D-M du Choix, 1809. Br. *B.* 3 50
744 — Sept écossais réunis, 1809. Br. *TB.* 2 »
745 — Loge de Saint-Louis de France, 1816. Br. *B.* 5 »

746 — Loge écossaise de Jérusalem, 1817. Br. *FDC.* 3 »
747 — Les rigides observateurs, 1818. Br. *FDC.* 1 »
748 — Imitateurs d'Osiris, 1819. Br. *B.* 4 50
749 — Les disciples de Saint Vincent de Paul, 1820. Br. *TB.* 3 »
750 — Emules d'Hiram, 1822. Br. *B.* 2 50
751 — Amis de l'ordre, 1823. Br. *TB.* 5 »
752 — Loge et chapitre des amis de la patrie, s. d. Br. *FDC.* 2 50
753 — Les disciples de Saint-Vincent de Paul, s. d. Br. *TB.* 1 »
754 — Conseil de la clémente amitié, 1834. Arg. *TB.* 12 »
755 — Amis bienfaisants et imitateurs d'Osiris réunis, 1840. Br. *B.* 2 »
756 — Le progrès maçonnique de Belleville. Br. *B.* 1 »
757 — Loge Bonaparte fondée en 1852. Br. *TB.* 3 »
758 — Commune de Paris, 1871. Br. *TB.* 4 50
759 PROVINS. L'heureuse alliance, 1782. Br. *TB.* 3 »
760 ROUEN. Loge de la parfaite égalité, s. d. (2 var.). Arg. *B.* à 9 »
761 — Ardente amitié, s. d. Arg. *TB.* 10 »
762 — Loge des Arts réunis, 1808. Br. *TB.* 1 50
763 — Loge de la persévérance, s. d. Arg. *B.* 5 »
764 — Loge de la sincère amitié, 1822. Arg. *TB.* 10 »
Br. *TB.* 2 50
765 — Loge de la constance éprouvée, 1835. Br. *TB.* 9 »
766 — Loge de la vérité, 1835. Br. *B.* 4 »
767 SAINT-QUENTIN. Loge de la philanthropie, 1799. Br. *TB.* 3 »
768 TROYES. L'Union fraternelle, 1850. Br. *TB.* 2 »
769 VERSAILLES. Loge écoss. des militaires réunis. Br. *TB.* 1 50
770 ANGLETERRE. Election du prince de Galles, 1790. Br. *B.* 2 »

AMÉRIQUE

771 HAITI. **Louis XVI.** Méd. maçonnique de Simon, graveur du roi. Cercle des philadelphes établi

au Cap, 1784. Zay. Colonies fr., p. 234 (vignette). Or. 24 gr. *FDC.* 400 »

Cette loge existe encore aujourd'hui à Jacmel.

772 PÉROU. Petite décoration en or émaillé, s. d. « To fui del ejer libertador. » ℟. GENERAL DON JUAN C^mo TORRICO (légende gravée). 2 gr. 20 »

773 — Idem, s. d. Victoire de Bolivar à Junin sur les Espagnols, 1824. 1.5 gr. 18 »

774 — Item, s. d. Victoire du général Sucre à Ayacucho, 1824, 1.5 gr. 16 »

775 — Item, s. d. « Al valor in Ancacii. » 1.5 gr. 14 »

776 — Item, s. d. « El congº a los rest^s de su patria. » 1.5 gr. 12 »

777 — Item, s. d. « El Peru al triunfo heroico, 18 de setieme de 1838. » 1.5 gr. 15 »

778 — Item, s. d. « Restaurador de la patria. » 1.5 gr. 8 »

Ces sept décorations ayant appartenu au général Torrico sont très belles et se vendent ensemble 90 fr.

779 — — Chemin de fer de Méjia à Arequipa, 1868. 24 gr. *TB.* 10 »

Voir n°s 149 et 695.

CACHETS

780 **Curte** (Josephus de), de Rome. Oval. XVIIIe s. C. *B.* 6 »

781 REIMS. « Sigillum custodie remensis. Ogival. XIVe s. C. *B.* 20 »

782 Cachet d'un pharmacien français. « Vita. dat. necem. et. nece. dat. vitam. » Armoiries surmontées de deux serpents affrontés. XVIIe s. C. *TB.* 15 »

783 Indéterminé. D... au chevron accompagné de trois larmes, au chef chargé de trois étoiles. XVIIIe s. Arg. *TB.* 15 »

784 — Coupé, au 1, à trois mésanges; au 2, à une étoile. XVIIe s. Trouvé dans le Luxembourg. C. *B.* 6 »

785 — D'argent au chevron de gueules accompagné de trois éperons. XVIIe s. Trouvé dans le Luxembourg. C. *TB.* 8 »

786 Bague romaine. Bœuf surmonté d'une étoile ; dans le bas, OA. C. Trouvé dans le Luxembourg. *TB.* 12 »

LIVRES

Engel et Serrure. Répertoire des sources imprimées de la numismatique française. Paris, 1887 à 1889, 3 vol. in-8°. Broch. 16 »

— Traité de numismatique du moyen-âge. Paris, 1891, t. I (tout ce qui a paru), avec 645 illustrations dans le texte. Broch. 9 »

Magnan. Lucania numismatica. Rome, 1775, avec 50 planches, in-fol. Rel. 8 »

Robert (Ch.). Catalogue de sa collection. Pays-Bas, Lorraine et Barrois, etc. Paris, 1886, in-8°, 13 pl. et nombr. fig. dans le texte. Br. non découpé. 5 »

MACON, PROTAT FRÈRES, IMPRIMEURS

Mâcon, Protat frères, imprimeurs.

www.ingramcontent.com/pod-product-compliance
Ingram Content Group UK Ltd.
Pitfield, Milton Keynes, MK11 3LW, UK
UKHW021035180726
13838UKWH00004B/1820